献给我的爸爸妈妈。
—— B.W.

图书在版编目（CIP）数据

你好，你好 / (美) 布兰登·文策尔 图文；余治莹 译. —— 上海：文汇出版社，2018.9
ISBN 978-7-5496-2669-4

Ⅰ.①你… Ⅱ.①布…②余… Ⅲ.①儿童故事-图画故事-美国-现代 Ⅳ.①I712.85

中国版本图书馆 CIP 数据核字 (2018) 第 156549 号

HELLO HELLO
Copyright © 2018 by Brendan Wenzel.
All rights reserved. No part of this book may be reproduced in any form without written permission from the publisher.
First published in English by Chronicle Books LLC, San Francisco, California.
中文版权 ©2018 读客文化股份有限公司
经授权，读客文化股份有限公司拥有本书的中文（简体）版权
版权登记号：09-2018-632

你好，你好

作 者 / [美]布兰登·文策尔
译 者 / 余治莹
责任编辑 / 甘 棠
特邀编辑 / 吴亚雯 夏文彦
封面设计 / 朱 宏 苏不要
内文装帧 / 张丽云
出版发行 / 文汇出版社
上海市威海路 755 号
（邮政编码 200041）
经 销 / 全国新华书店
印刷装订 / 北京中科印刷有限公司
版 次 / 2018 年 9 月第 1 版
印 次 / 2018 年 9 月第 1 次印刷
开 本 / 889mm×1270mm 1/16
字 数 / 2 千字
印 张 / 3
ISBN 978-7-5496-2669-4
定 价 / 49.90 元

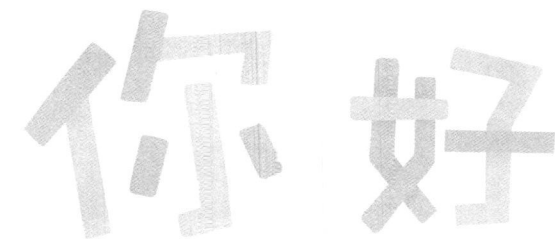

HELLO
你好

[美] 布兰登·文策尔 图/文

余治莹 译

文匯出版社

你好，你好，

黑色和白色。

你好,彩色。

你好，鲜艳。

你好,条纹。

你好,斑点。

你好,大家伙。

你好,小不点。

你好,舌头、

耳朵和双手,

还有鼻子!

你好,花纹。

你好，姿势。

你好，形状。

你好，炫耀。

你好,好奇。

你好,"哇"!

你好，静悄悄。

你好,大嗓门!

你好,好斗。

你好，骄傲。

你好,美丽。

你好,弯曲。

你好，邻居。

你好，朋友。

你好，嗷呜、吱吱、啾啾，

还有大合唱！

你好,唱歌和跳舞!

看看这个世界。

认识这个世界。

从哪里开始?

你好,你好。

作者的话

你刚刚跟我最喜欢的一些动物打过招呼了。它们的颜色、形状、声音、花纹、习惯和奇怪的发型让世界变得更有活力、更加迷人。每一种动物都是它所在的生态系统的重要成员。

可惜的是，这些动物中有很多种类都陷入了危险的处境——被世界自然保护联盟认定为是近危、易危、濒危或极危的。有很多因素会威胁物种的生存，比如栖息地减少、偷猎以及气候变化。

很多人甚至不知道这些动物的存在。但你可以帮忙改变现状！去了解更多关于它们的信息吧。你可以去图书馆，或上网查资料，然后跟大家分享你对它们的兴趣和热情。你还可以给那些努力保护动物及其栖息地的了不起的环保主义者写信。大家对这些动物了解得越多，它们就越有可能跟我们一起，长长久久地生活在这个地球上。

先从跟它们说"你好"开始吧！

动物按照出现在书中的先后顺序排列

1. 家猫
2. 美洲黑熊
3. 大熊猫——易危
4. 平原斑马——近危
5. 三线雀鲷
6. 蓝雀鲷
7. 彩虹飞蜥
8. 国王鹦鹉
9. 叶海龙
10. 双色准雀鲷
11. 东方扁虾
12. 普通翠鸟
13. 东方蝾螈
14. 虎纹钝口螈
15. 老虎——濒危
16. 猎豹——易危
17. 点斑箱鲀
18. 鲸鲨——濒危
19. 高冠变色龙
20. 土豚
21. 塞内加尔婴猴

动物物种保护状况资料来源：《世界自然保护联盟濒危物种红色名录》

22. 长鼻猴——濒危
23. 象海豹
24. 绿海龟——濒危
25. 大狷狳——易危
26. 马来穿山甲——极危
27. 杰克森变色龙
28. 马来犀鸟——近危
29. 裸颈伞鸟——濒危
30. 优雅树蛙
31. 疣鼻天鹅
32. 鸭嘴兽——近危
33. 北美海狸
34. 巴西豪猪
35. 西部长吻针鼹——极危
36. 北方褐色几维鸟——易危
37. 南部食火鸡
38. 双冠蜥
39. 大西洋旗鱼
40. 独角鲸
41. 蓝色天堂鸟——易危
42. 尖翅蓝闪蝶
43. 猫头鹰蝶
44. 北方棕榈鬼鸮
45. 蛇鹫——易危

46. 狮子鱼
47. 普通乌贼
48. 普通章鱼
49. 普通河马——易危
50. 海象——易危
51. 非洲丛林象——易危
52. 非洲狮——易危
53. 金狮狨——濒危
54. 皇狨猴
55. 印加燕鸥——近危
56. 冠鹧鸪——近危
57. 灰冠鹤——濒危
58. 苏拉威西斑飞蜥
59. 大袋鼯——易危
60. 米契尔少校凤头鹦鹉
61. 华丽琴鸟
62. 环尾狐猴——濒危
63. 人类
64. 苏门答腊猩猩——极危
65. 环海豹
66. 拟态章鱼
67. 蓝环章鱼

68. 点纹斑竹鲨——近危
69. 古氏蓝唇鱼——易危
70. 红冠灰凤头鹦鹉
71. 红腹蝾螈
72. 美洲蝾螈
73. 墨西哥钝口螈——极危
74. 美洲火烈鸟
75. 丹顶鹤——濒危
76. 阿拉里皮娇鹟——极危

77. 红斑海星
78. 马拉尼翁毒蛙——濒危
79. 草莓箭毒蛙
80. 蓝箭毒蛙
81. 虎纹猴树蛙
82. 金毒蛙——濒危
83. 黄翼蝠
84. 褐长耳蝠

85. 亚马逊江豚
86. 小熊猫——濒危
87. 麝牛
88. 大食蚁兽——易危
89. 冠鼠
90. 土狼
91. 西部蓝舌石龙子
92. 长颈鹿——易危

* 你可以登陆 www.iucnredlist.org 了解更多物种信息及其现状